nivel **A2-B1** audiolibro **colección marca américa latina**

La cocina mexicana

COLECCIÓN MARCA AMÉRICA LATINA

Autora: Miryam Audiffred
Coordinación editorial: Paco Riera
Supervisión pedagógica: Cecilia Bembibre
Glosario y actividades: Cecilia Bembibre, Pablo Manzano, Rachel Racknico
Diseño y maquetación: Lucila Bembibre
Corrección: Esther Gutiérrez
Fotografía de cubierta: Image Source
Fotografías: Elena Fernandez Zabelguelskaya / Shutterstock.com, Glorias de Linares, Luz Montero, Shutterstock.com
Vídeo: Luz Montero, Retrovisual
Locución: Miryam Audiffred

ISBN: 978-84-8443-866-3
Depósito legal: B-19248-2012
Impreso en España por T. G. Soler
www.difusion.com

La cocina
mexicana

Índice

Cómo trabajar con este libro 8

Introducción 11

Cocina de la A a la Z 16

1. La gastronomía mexicana 19

2. Guerrero 27

3. Jalisco 33

4. Baja California 39

5. Nuevo León 45

6. Puebla 51

7. Yucatán 57

Notas culturales 64

Glosario en inglés, francés y alemán 66

Actividades 72

Chiles secos en un mercado de México

Marca América Latina

La cocina mexicana

«Barriga llena, corazón contento»

Joaquín Fernández de Lizardi

Cómo trabajar con este libro

Marca América Latina es una serie de lecturas sobre temas de la cultura, la economía y la sociedad latinoamericana. Cada libro aporta un panorama general sobre el tema en cuestión, que incluye su historia y la situación actual, y se acompaña de un vídeo que ilustra una o varias de las secciones analizadas en el libro.

Para facilitar la lectura, al principio del libro aparece una introducción con un breve repaso de los temas que se van a desarrollar en el mismo. Además, al final de cada página se incluye un glosario en español de las palabras y expresiones más difíciles, y al final del libro, un glosario de todas ellas traducidas al inglés, francés y alemán.

A lo largo del texto se han marcado en color rojo algunas palabras y expresiones que hacen referencia a aspectos culturales del mundo del español. Estas se recogen y se explican en la sección de notas culturales que aparece al final del libro.

El libro termina con una sección de actividades que tiene la siguiente estructura:

a) «Antes de leer». **Recomendamos realizar las actividades de esta sección antes de empezar a leer el texto**, ya que ayudarán a activar los conocimientos que tiene el lector sobre el tema y facilitarán la comprensión.

b) «Durante la lectura». Son **actividades destinadas a pautar la comprensión** de los diferentes capítulos.

c) «Después de leer». Se trata de propuestas variadas que **permiten poner en práctica la comprensión auditiva y de lectura, la expresión oral y escrita, la interacción oral y escrita y la mediación.** Tienen un carácter predominantemente abierto para que el propio lector (o el profesor que lee el libro con sus alumnos) pueda decidir cómo trabajar con ellas según sus necesidades. En muchas de ellas se propone un repaso al contenido del libro. En cada caso, **el lector puede decidir si vuelve a leer el fragmento en cuestión o prefiere escuchar la grabación del CD correspondiente.**

Igualmente, puede decidir si hace las actividades por escrito o de forma oral, en interacción con otros hablantes.

d) «Vídeo». Esta sección contiene **propuestas para trabajar la comprensión audiovisual con el vídeo** que está incluido en el CD.

e) «Léxico». Actividades para **la sistematización, la profundización y la ampliación del vocabulario.** Se tiene en cuenta que cada hablante tiene unos intereses y un bagaje personal específicos. Por eso se proponen especialmente actividades de carácter abierto y que favorecen el aprendizaje estratégico.

f) Por último, la sección «Internet» propone **páginas web interesantes** para seguir investigando.

Un puesto callejero de fruta

 pista 01

Introducción

México es un país enorme. Está entre los 15 países más grandes del mundo y es también uno de los más poblados[1]. Tiene 110 millones de habitantes y su paisaje[2] es único por su diversidad: hay ríos, bosques, selvas, lagos, mares, montañas, volcanes y desiertos.

La gastronomía mexicana es tan diversa como su geografía. Tiene los colores del campo y de la tierra de cada región. Por eso, muchos de los platos típicos que se cocinan en el norte del país no se comen en el sur, y los del sur no se conocen en el este o el oeste.

Este libro habla de esa gran diversidad. Es un viaje por la historia de los sabores mexicanos, por sus misterios y leyendas[3], y por algunas regiones y ciudades de México que son importantes para entender el origen y la evolución de la cocina mexicana.

En estas páginas hablamos de la cocina prehispánica y de los ingredientes más importantes de la dieta de los antiguos[4] mexicanos, que son el chile o pimiento picante, el maíz y el frijol. Después, viajamos a las playas de Guerrero, y exploramos el origen de algunos de los platillos prehispánicos que aún existen, como el pozole. Te presentamos la receta[5] de este guiso tradicional en la página 32.

---

[1] **poblado:** habitado [2] **paisaje:** aspecto del terreno [3] **leyenda:** historia fantástica [4] **antiguo:** que tiene muchos años [5] **receta:** instrucciones para preparar un platillo

De ahí vamos a Jalisco, la tierra[6] del mariachi, el tequila y las deliciosas tortas ahogadas, un platillo delicioso que podrás disfrutar si sigues las instrucciones de la página 38. A continuación, visitamos el norte de México, Baja California, donde se cocina principalmente con pescado y mariscos, como la receta de tacos de pescado, que incluimos en la página 44.

El viaje continúa en el noreste, en Nuevo León, donde vive la gente más carnívora de todo el país. Para conocer esta región, te invitamos a preparar el pastel de carne, con las indicaciones de la página 49.

Luego entramos en las cocinas de Puebla, donde las recetas requieren paciencia y la comida se presenta en hermosos platos de cerámica decorada. Para probar los sabores de este estado, te sugerimos preparar las famosas rajas poblanas, un platillo a base de chiles verdes. Incluimos la receta en la página 56.

El camino termina en Yucatán, hogar del pueblo maya y lugar donde se produce el chile habanero, uno de los pimientos más picantes[7] del mundo. Este es uno de los ingredientes esenciales de la receta de sopa de lima, que encontrarás en la página 62.

El viaje por las distintas regiones es útil, pero no es suficiente para entender la gastronomía de México. Para esto, hay que conocer también el carácter amigable y festivo[8] de los mexicanos, que consideran que comer es mucho más que un acto de supervivencia. Por eso, este libro es también un viaje al interior de los hogares mexicanos, con sus fiestas y tradiciones, como la Fiesta de Quince Años y el Día de los Muertos.

Para los mexicanos, comer es motivo de alegría y celebración porque es el único momento del día que siempre se comparte[9] con los amigos y la familia, ya que a la gente de México no le gusta comer sola. Este momento se extiende con la sobremesa, la tradición de permanecer en la mesa después de terminar la comida.

---

[6] **tierra:** (aquí) lugar [7] **picante:** (aquí) fuerte, que quema [8] **festivo:** que le gusta celebrar [9] **compartir:** hacer algo con otras personas

Hay una frase muy popular: «Barriga[10] llena, corazón contento». Es del escritor Joaquín Fernández de Lizardi, y los mexicanos la usan para decir que, con hambre, no es posible ser feliz.

La cocina mexicana tiene fama de ser muy sabrosa[11], pero también muy difícil de preparar, porque muchas recetas de cocina llevan decenas de ingredientes. No es el caso de las seis recetas que están incluidas en este libro. Todas son muy fáciles de preparar y tienen el sabor del México de ayer y de hoy. Por eso, es posible que al leer estas páginas se te abra el apetito. ¡Que aproveche!

[10] **barriga:** estómago [11] **sabroso:** con mucho sabor

1\. pozole. 2. tortas ahogadas. 3. tacos de pescado. 4. pastel de carne. 5. rajas poblanas. 6. sopa de lima.

4
5
6

Cocina de la A a la Z

Para entender este libro, te resultarán útiles algunas de las palabras propias del mundo de la cocina.

a fuego lento: a baja temperatura.
asar: cocinar un alimento al horno.
barbacoa: método de cocina tradicional donde la carne se cocina al vapor.
caldo: líquido que se obtiene al cocer los alimentos.
carnitas: carne de cerdo frita en manteca.
cazuela: olla.
cocer: cocinar un alimento en agua muy caliente.
comal: disco de barro[1] para cocer tortillas.
cucharada: cantidad de comida que cabe en una cuchara.
freír: cocinar algo con aceite caliente.
frijol: tipo de legumbre, judía.
gordita: disco de maíz similar a la tortilla, relleno de carnitas o frijol.
guiso: comida cocinada al fuego.
hervir: calentar el agua hasta 100° C.
hornear: calentar en el horno.

---

[1] **barro:** (aquí) arcilla

manteca: grasa de cerdo.
mole: salsa a base de chile y especias. A veces, lleva chocolate.
olla: recipiente donde se cocina.
pelar: quitar la piel de un alimento.
picar: cortar en trozos muy pequeños.
pizca: cantidad muy pequeña.
platillo: plato de comida.
rebanada: porción delgada, ancha y larga de algo, especialmente de pan.
salsa: condimento líquido hecho con jitomate[2], chile y cebolla.
taco: tortilla en rollo rellena de carne, pollo o verduras.
torta: pan relleno de jamón, queso, chile y otros ingredientes.
tortilla: pan plano, fino y redondo hecho con masa de maíz o trigo.
tostar: dorar al fuego la superficie de un alimento.
untar: extender una sustancia o pasta sobre una superficie.

---

[2] **jitomate:** tomate rojo

Altar tradicional del Día de los Muertos

 pista 02

1. La gastronomía mexicana

En toda casa hay siempre un lugar especial y, en las casas mexicanas, ese lugar es la cocina. Ahí, frente al fogón[1], pasado y presente se mezclan con olores y sabores antiguos.

Las cocinas mexicanas huelen[2] a maíz, chile y frijol. Algunas huelen también a cacao, aguacate, jitomate y vainilla. En los pueblos de la provincia[3] del país, dicen que todas las cocinas de México huelen a historia, porque los ingredientes que se usan actualmente para cocinar son los mismos que los antiguos mexicanos usaban hace miles de años.

La base de la dieta de los mexicanos no ha cambiado, ni han cambiado los utensilios de cocina[4] ni las técnicas de preparación. El comal, el metate[5] y las ollas de barro, inventados en la época prehispánica, todavía son utensilios importantes en las cocinas mexicanas. Incluso[6] el proceso para hacer harina de maíz o «nixtamal», que sirve para hacer tortillas y tamales[7], es el mismo desde hace más de 5 000 años.

---

[1] **fogón:** sitio en la cocina para guisar [2] **oler:** tener olor a algo [3] **provincia:** (aquí) zonas del territorio que no son la capital [4] **utensilio de cocina:** herramientas que se usan para cocinar [5] **metate:** utensilio de piedra para moler maíz [6] **incluso:** hasta [7] **tamal:** harina de maíz cocida al vapor y rellena de carne, pollo o queso, envuelta en hojas de plátano o de maíz

En los pueblos más pequeños y tradicionales del país, los ancianos dicen que los mexicanos «están hechos de maíz», porque es el ingrediente más importante de la gastronomía nacional. Los mexicanos comen maíz todos los días. Es su alimento favorito. Los antiguos habitantes de México descubrieron la forma de hacer más fácil la digestión del maíz. El proceso es simple, se llama «nixtamalización», y consiste en cocer los granos[8] de maíz en agua con cal[9].

El maíz es muy nutritivo y se come, sobre todo, en forma de tortillas, que sirven para hacer tacos y quesadillas[10]. Los mexicanos comen, en promedio, 300 millones de tortillas al día. Las compran en pequeñas fábricas que se llaman «tortillerías». Se cree que hay cerca de 110 mil «tortillerías» en todo el país.

El maíz, el chile y el frijol forman lo que los mexicanos llaman «la trilogía[11] del sabor nacional», porque son los ingredientes que se usan en todas las cocinas del país. Y los sitios perfectos para comprar estos ingredientes son los mercados.

Los mercados son lugares muy coloridos donde la gente vende todo tipo de alimentos: carne, pescado, verduras, frutas y flores. De todos los puestos[12] que hay en su interior, los de chiles están entre los más grandes y populares.

El chile es «el rey de la cocina mexicana» porque da olor, color y sabor a todos los platillos. Y, en México, la comida tiene que ser muy picante. Por eso, en el país se venden más de cien tipos de chiles diferentes. Hay para todos los gustos. Los chiles mexicanos tienen muchas formas y tamaños: hay largos, cortos, anchos y delgados, y también son de muchos colores: pueden ser rojos, verdes, púrpuras, naranjas, amarillos y negros.

El frijol es otro ingrediente importante y, como el chile, tiene muchas presentaciones. Su producción empezó en México hace 5 000 años y hoy se producen más de 50 tipos diferentes. Los

---

[8] **grano:** semilla de los cereales [9] **cal:** polvo blanco hecho de calcio [10] **quesadilla:** tortilla caliente, rellena con pollo, queso o carne [11] **trilogía:** grupo de tres [12] **puesto:** tienda pequeña

frijoles se cocinan en ollas de barro y se comen enteros o molidos[13], y fritos en aceite. Estos últimos se llaman «frijoles refritos» y son deliciosos, especialmente si se comen con tortillas muy calientes.

El chef Bricio Domínguez dice que el maíz, el chile y el frijol son mágicos, porque su consumo es nutritivo y da mucha energía. Bricio es uno de los cocineros más famosos de México. Empezó a cocinar a los seis años para sus tres hermanos mayores y actualmente tiene varios restaurantes de comida típica.

Bricio siempre ha dicho que cocinar comida mexicana es un acto de alegría. Y tiene razón. En México, la acción de cocinar es muy importante para la vida social y familiar. Por eso, los hábitos culinarios[14] pasan de una generación a otra. Las recetas se transmiten de padres a hijos y así se mantienen vivas las tradiciones gastronómicas de la comunidad.

La chef Patricia Quintana, muy reconocida en México, aprendió a cocinar en familia. Tomó sus primeras lecciones de cocina en la casa de su bisabuela, donde aprendió a mezclar olores y sabores de muchos tipos. En sus libros de cocina, Patricia cuenta que se enamoró del acto de cocinar cuando vio a su bisabuela hacer tortillas con las manos. El sonido del golpeteo[15] de sus manos con la masa de maíz la llevó a imaginar mundos fantásticos. Fue amor a primera vista.

En México, cocinar fue durante mucho tiempo un acto exclusivo de mujeres. En la actualidad, aún hay familias muy tradicionales que prohíben[16] a los hombres entrar a la cocina, porque consideran que son muy malos cocineros.

Pero las cosas han cambiando mucho en los últimos años: cada vez hay más hombres que se ponen el mandil[17] y cocinan platillos deliciosos. La gente los llama «mandilones». Ser «mandilón» en México no es fácil, porque la gente hace muchas bromas, pero a ellos no les importa y actualmente hay muchos que trabajan como

[13] **molido:** hecho polvo [14] **culinario:** relacionado con el acto de cocinar [15] **golpeteo:** golpes con poca fuerza [16] **prohibir:** no permitir [17] **mandil:** prenda de tela para proteger la ropa

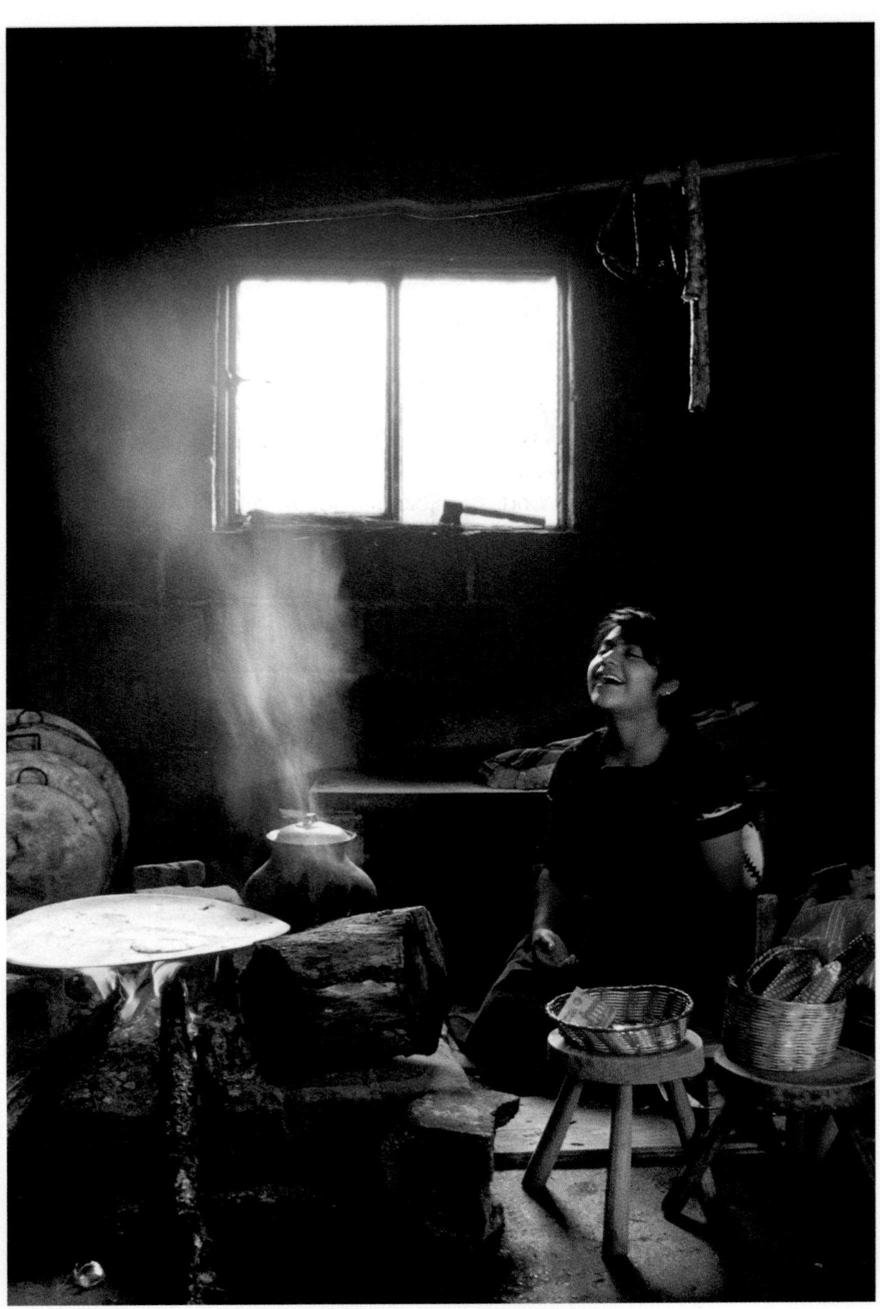

Una mujer de Chiapas hace tortillas en casa

chef. Enrique Olvera, José Ramón Castillo, Ricardo Muñoz Zurita y Richard Zandoval son algunos de los cocineros más conocidos.

Sin importar si los cocineros son hombres o mujeres, en cada platillo hay un gran simbolismo[18] porque la cocina mexicana está relacionada con rituales religiosos y sociales, como la celebración de la Fiesta de Quince Años y el Día de los Muertos.

Cuando las chicas cumplen los quince años, sus padres organizan una gran fiesta para presentar a su hija en sociedad. La tradición puede parecer pasada de moda[19], pero, para muchas chicas, es muy divertida. La fiesta consiste en una misa[20], un baile, en el que participan los jóvenes del barrio, la familia y la comunidad, y un banquete que reúne los platillos más típicos de la región.

Lo mismo sucede en las bodas[21]. Además[22] de la ceremonia en la iglesia, los padres de los novios organizan una fiesta que puede durar varios días. Según la costumbre, la familia de la novia organiza la fiesta y prepara la comida.

En los pueblos más tradicionales del país, la cocina de la casa de la novia se transforma en una especie de «laboratorio gastronómico», donde tías, primas, sobrinas y hermanas se reúnen durante muchas horas para compartir los secretos culinarios de la familia y cocinar la especialidad de la casa[23].

Y cocinan en ollas enormes. En los pueblos del sur de México, como Chiapas, Campeche, Guerrero y Oaxaca, a las bodas van cientos de personas para bailar, comer, tomar[24] y pasar un buen rato[25]. La fiesta solo termina cuando la comida se acaba por completo. Por eso, algunas fiestas duran todo el fin de semana.

Los mexicanos cocinan para celebrar la vida, pero también la muerte. El 2 de noviembre de cada año, las mujeres de todo el país cocinan para los muertos y preparan mole, tacos, pozole o cualquiera de los platillos favoritos del difunto[26].

---

[18] **simbolismo:** significado [19] **pasado de moda:** de otra época [20] **misa:** celebración religiosa
[21] **boda:** casamiento [22] **además:** también [23] **especialidad de la casa:** el mejor platillo
[24] **tomar:** beber [25] **pasar un buen rato:** divertirse [26] **difunto:** persona que está muerta

La comida es parte fundamental del altar de muertos. La tradición dice que, además de flores y velas, en los altares hay que colocar un guiso porque, según los mexicanos, cocinar es también una forma de recordar con cariño a los que han muerto.

Además de los elementos prehispánicos, detrás de cada platillo típico hay numerosos ingredientes de origen extranjero. Los españoles, por ejemplo, llevaron a México animales de granja como cerdos, gallinas, ovejas y cabras.

Con la conquista de México, la cocina mexicana vivió una época de transformación porque los productos de España se mezclaron con los ingredientes prehispánicos y surgieron muchos sabores nuevos.

El siglo XVI fue una época de cambios, porque también llegaron a México hierbas y semillas de Francia, Italia, China, Alemania y varios países de África. Así, la cocina prehispánica se volvió más sabrosa y diversa.

Por su historia y diversidad de ingredientes y técnicas, pero también por su importancia social y familiar, la cocina tradicional mexicana es Patrimonio de la Humanidad desde el 16 de noviembre de 2010. La UNESCO le dio esta categoría para proteger los métodos tradicionales de elaboración y celebrar la contribución de México a la cocina universal.

¡Qué interesante!

Los antiguos mexicanos no tenían carne en su dieta. Comían principalmente maíz, chile, frijoles e insectos.

Durante mucho tiempo, los insectos fueron su principal fuente de proteínas. Los insectos más populares de la dieta prehispánica de México eran las hormigas, los gusanos de maguey (una oruga blanca que se come, y a veces se pone en botellas de mezcal) y los chapulines, que son saltamontes[27] fritos.

En la actualidad, los insectos siguen siendo parte de la dieta de los mexicanos. Se comen como botana[28] antes del plato principal. Se cocinan con limón, chile y cebolla. Son el bocadillo[29] perfecto para abrir el apetito[30].

[27] **saltamontes:** insecto de color verde o marrón, con largas patas traseras
[28] **botana:** aperitivo [29] **bocadillo:** comida ligera [30] **apetito:** hambre

En los mercados, las legumbres se venden a peso

pista 03

2. Guerrero

El estado de Guerrero está al sur de México y su geografía es muy diversa: tiene ríos, lagos, costas y volcanes. También tiene playas muy hermosas y su clima siempre es cálido.

En Guerrero viven alrededor de 3 millones de personas que tienen la piel bronceada[1] por el sol. Algunos son campesinos que cultivan la tierra y producen maíz, arroz, jitomate, limón, mango y café. Otros son artesanos que trabajan con madera, lana[2] y metales para producir objetos de muchos colores y formas, que venden en los mercados de la calle.

Guerrero tiene 500 kilómetros de costa. Por eso, muchos de sus habitantes son pescadores[3]. Cada mañana, cientos de botes[4] salen al océano Pacífico desde distintos pueblos del estado. Van al mar en busca de peces como el huachinango, que es el pescado favorito en la región. El huachinango se puede comer frito, asado, y de muchas otras formas: es siempre delicioso.

Por estar cerca del mar, los mariscos y el pescado son ingredientes típicos de la gastronomía de Guerrero, pero también es importante la carne, que la gente de la región prepara en barbacoa.

---

[1] **bronceado:** quemado por el sol [2] **lana:** tela gruesa que se produce con el pelo de oveja
[3] **pescador:** hombre que se dedica a pescar peces [4] **bote:** barco pequeño

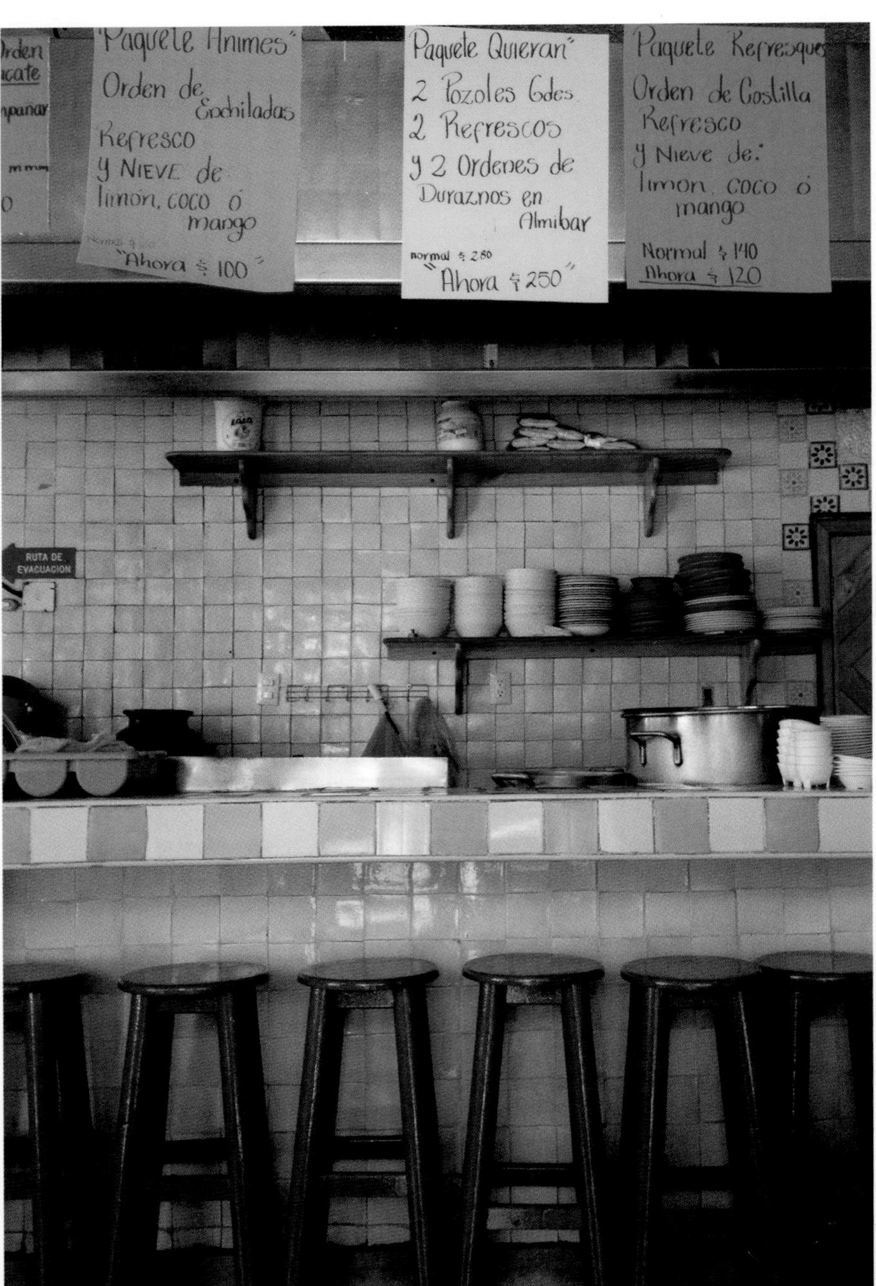

Pozolería típica, en la Ciudad de México

La herencia de los antiguos mexicanos que vivieron en esta parte de México está presente en las mesas de todos los hogares «guerrerenses» y en las fondas[5], donde todos los días se sirven platillos de la región como el mole rojo y el mole verde.

El pozole es el guiso tradicional de Guerrero más popular en todo el país. Es un caldo hecho con maíz y carne de cerdo o pollo.

Para preparar este guiso, los mexicanos utilizan un maíz especial. Al hervir, los granos de este maíz se abren como flores y suben a la superficie del agua, y parece espuma[6]. De ahí viene el nombre: *pozole* significa 'espuma' en el idioma náhuatl.

El pozole es sinónimo de fiesta. Se prepara en los hogares de Guerrero cuando hay algo que celebrar. Y cuando no, la propia preparación de este guiso se convierte en el motivo de la fiesta. Si hay pozole, hay reunión: con amigos, familiares o vecinos.

Además de ser conocida por el pozole, la gastronomía de Guerrero es famosa por sus ingredientes exóticos. Los platillos con insectos son muy populares en lugares como Taxco, una ciudad colonial que por su belleza se conoce como «pueblo mágico» y es el centro minero más antiguo de todo el continente americano.

En Taxco, los insectos favoritos son los jumiles, una pequeña chinche de monte[7] de color rojo oscuro, que tiene sabor a canela. Los jumiles miden menos de un centímetro y viven en las hojas de los árboles. La mayoría de la gente de Guerrero los come tostados, pero en Taxco la costumbre es comer estos animalitos vivos. A veces, se salen de la boca, y la gente tiene que sacar la lengua para alcanzarlos.

La carne de iguana[8] verde también es muy típica de esta región del país. Los guerrerenses dicen que su carne es mucho más rica, dulce y suave que la carne de pollo.

Una canción mexicana muy famosa dice que «en el mar, la vida es más sabrosa». Y en el caso de Guerrero, es verdad. En

---

[5] **fonda:** comedor público donde la comida es muy barata [6] **espuma:** burbujas que se forman en la superficie de un líquido [7] **chinche de monte:** animal muy pequeño que vive de chupar los troncos de los árboles [8] **iguana:** tipo de reptil

Un cartel anuncia uno de los platillos típicos de Guerrero

todo el estado no hay mejor lugar para comer que el puerto[9] de Acapulco.

La ciudad tiene playas de arena muy fina, donde el agua del mar es tibia y las olas no son muy grandes. Son playas perfectas para nadar.

Como el clima de la región es cálido (la temperatura promedio es de 22 grados centígrados), la gente de Acapulco usa ropa ligera y sandalias. Es una ciudad alegre, que huele a agua de mar, y donde siempre hay música.

Comer en Acapulco es una experiencia única, porque muchos de los restaurantes están al aire libre o son pequeñas cabañas, que venden mariscos y pescado fresco: pulpo, camarones, almejas y jaibas, o cangrejos. Es habitual ver a los vendedores de comida caminar por la playa con bandejas[10] y canastas, donde llevan los platillos más típicos de la región.

Acapulco también es el lugar perfecto para tomar aguas frescas[11] de limón, naranja, piña y mango.

Y no hay que olvidar los postres[12], que en esta región son muy variados. Los más típicos son los dulces de coco o cocadas, que se preparan con leche y azúcar, y los de tamarindo, que llevan chile y limón.

¡Qué interesante!

El pan de Guerrero es el más famoso de todo el país porque se prepara con manteca de cerdo, lo que hace que, como por arte de magia, el pan tarde mucho tiempo en ponerse duro. También es famoso porque en algunos pueblos, como Chilapa, se usan hornos de lodo y barro que se calientan con leña y hacen que el pan tenga un sabor muy especial.

---

[9] **puerto:** lugar en la orilla del mar [10] **bandeja:** recipiente [11] **aguas frescas:** bebidas sin alcohol, a base de agua, fruta y azúcar [12] **postre:** comida dulce

 pista 04

Receta de pozole

Ingredientes para 4 personas:
1 kilo de maíz pozolero
1 cebolla blanca partida en dos
1 cabeza entera de ajo
500 gramos de carne y 500 gramos de cabeza, ambas de cerdo, en trozos
Un puñado de sal gruesa, 3 hojas de laurel[1], una pizca de comino y una de orégano[2]
Para servir: 1 lechuga, 2 aguacates, 3 limones y chile piquín[3]

Preparación
En una olla de gran tamaño, se hierve el maíz con el ajo durante 3 horas y media. Si se seca, añadir agua tibia.

Cuando la piel del maíz se rompa, se añade la carne de cerdo y la cebolla. La cabeza del cerdo es fundamental para dar sabor al caldo.

Cuando lleva 45 minutos hirviendo, se retira la cebolla. Una vez que la carne está cocida, se añaden las hojas de laurel, el comino, el orégano y la sal. Se deja hervir hasta que tenga consistencia espesa[4].

Se sirve el pozole en un plato hondo[5], acompañado de lechuga y aguacate. La cantidad de limón y de chile depende del gusto de cada uno.

---

[1] **laurel:** árbol de hojas muy aromáticas que se usan para darle sabor a la comida [2] **orégano:** tipo de planta que se usa como condimento [3] **chile piquín:** chile pequeño y muy picante, de color rojo o negro [4] **espeso:** denso [5] **hondo:** profundo

pista 05

3. Jalisco

El mariachi[1] toca con alegría *El son de la Negra*. Son doce músicos y todos llevan traje negro de charro[2] y sombrero. Están en la Plaza de los Mariachis, en el centro de la ciudad de Guadalajara, y la música de los instrumentos que tocan, guitarras, violines y trompetas, es constante.

La plaza está de fiesta permanente desde que el mariachi es Patrimonio de la Humanidad. La UNESCO le dio esta categoría en noviembre del 2011 por ser la música mexicana más conocida en el mundo y la única que suena tanto en bautizos[3] como en funerales.

A la gente de la ciudad le encanta ir a esta plaza para cantar con los mariachis y comer los platos típicos de la región, como las tortas ahogadas.

Guadalajara es la ciudad más importante de Jalisco, uno de los estados con más habitantes en todo el país y también el único en el que las tortas no se comen con las manos, sino con cuchara. Las llaman tortas ahogadas[4], porque se sirven en plato hondo, completamente bañadas en una salsa de jitomate de color rojo intenso. La salsa es muy picante, porque está hecha de chile de árbol[5].

---

[1] **mariachi:** orquesta popular mexicana [2] **charro:** que monta caballo, jinete [3] **bautizo:** ceremonia católica para el recién nacido [4] **ahogado:** (aquí) sumergido en líquido [5] **chile de árbol:** chile rojo, delgado y largo

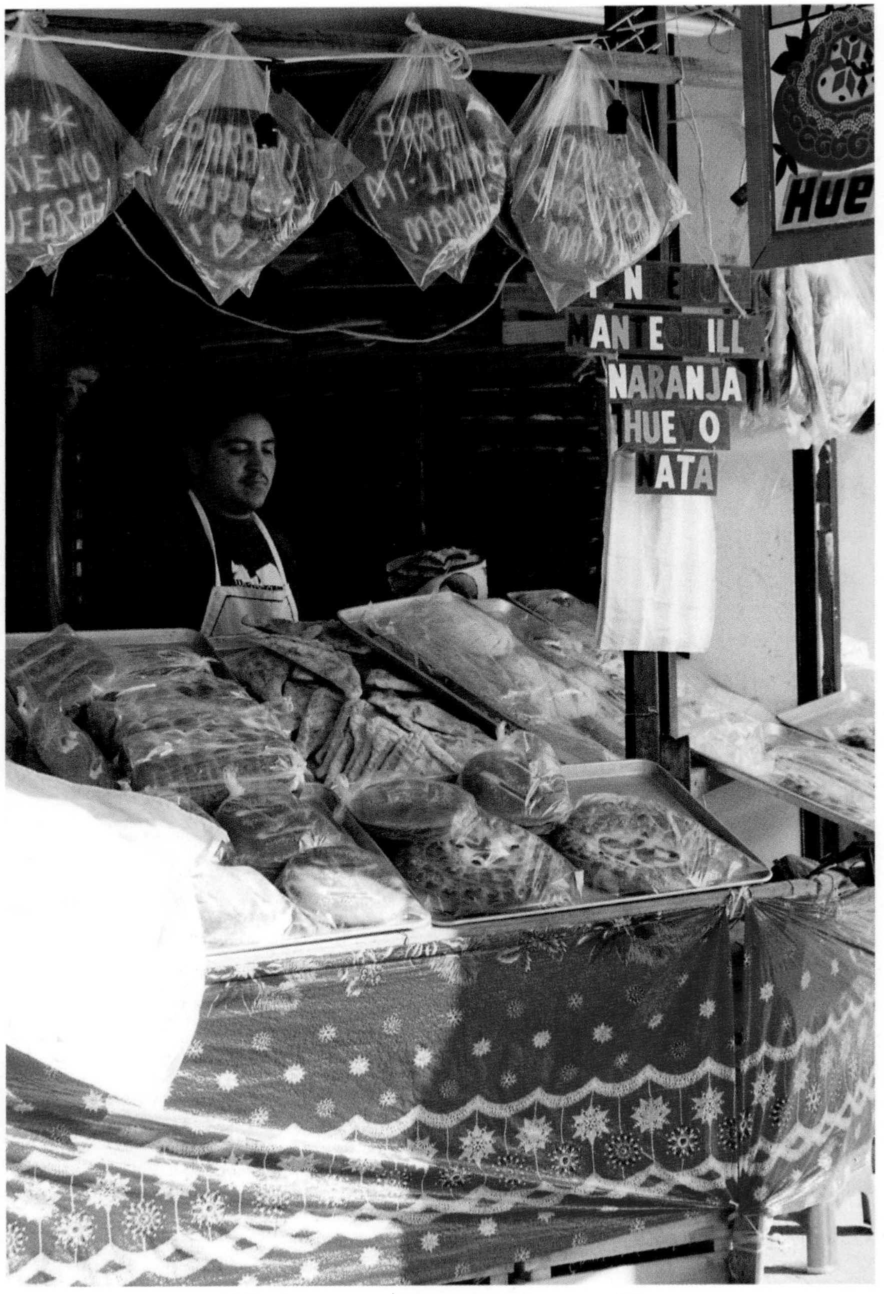

Un local con panes y tortas para ocasiones especiales

Las tortas ahogadas se preparan con carnitas de cerdo y con un pan especial, duro, agrio[6] y salado[7], que se conoce como birote. El origen de este pan es un misterio. Nadie sabe con seguridad quién lo inventó, pero la investigadora Elba Castro dice que es de origen francés. En su libro *Sabor que somos*, la experta escribe que el inventor pudo ser un cocinero francés, que vivió en México en el siglo XIX, o los miembros de una familia de apellido Birrot que vivieron en México, también de nacionalidad francesa.

Mucha gente discute también la forma correcta de escribir el nombre de este pan. La mayoría dice que se escribe con «b», pero algunos creen que en realidad es con «v», porque su nombre viene de la palabra francesa *virote* que significa 'vara[8]'. Y este pan es de forma larga y delgada.

Sea con «b» o con «v», lo cierto es que el birote no se encuentra en ningún otro lugar de México, porque es exclusivo del estado de Jalisco. Se vende en las tiendas de todos los barrios y en las calles, pero también en mercados como el de San Juan de Dios, que está muy cerca de la Plaza de los Mariachis y es uno de los más grandes y coloridos de la ciudad.

«¡Pásele, pásele! ¿Qué va a querer?», dicen las vendedoras que trabajan en la zona de comida de este lugar. En Guadalajara existen más de cien mercados distintos, pero solo en el mercado de San Juan de Dios hay más de 160 puestos en los que se pueden comer todos los antojitos[9] que se cocinan en la región, como las gorditas de maíz, o la tradicional carne en su jugo[10].

La carne en su jugo se sirve en platos de barro y su preparación es muy fácil: hay que freír tocino en una olla grande y después añadir la carne con tomate verde molido, chiles jalapeños[11] y un poco de agua. El objetivo es cocer la carne a fuego lento para que suelte todo su jugo.

---

[6] **agrio:** ácido [7] **salado:** que tiene mucha sal [8] **vara:** palo largo y delgado [9] **antojito:** aperitivo o comida rápida [10] **jugo:** (aquí) líquido de la carne que aparece durante la cocción [11] **chile jalapeño:** chile picante, alargado y de color rojo

La birria es otro platillo de carne típico de Jalisco, y no hay mejor lugar para comerlo que la Birriería Las 9 Esquinas, un restaurante muy tradicional, con muros de azulejo en colores azul y amarillo donde se vende la mejor birria de chivo de la ciudad. Doña Lupita es la cocinera y prepara este platillo en un horno de leña. Lo sirve en un plato hondo, acompañado de una salsa hecha con jitomate, ajo, cebolla, chile, pimienta y ajonjolí[12], entre otros ingredientes.

Jalisco es tierra de palenques y jaripeos, que son espectáculos públicos en los que la gente del estado se divierte mucho. En los palenques hay peleas de gallos[13], bailes y conciertos donde cantan artistas famosos. En los jaripeos, la diversión es muy distinta, porque el espectáculo consiste en ver cómo se doman[14] toros y caballos salvajes. Los jaripeos nacieron a principios del siglo XIX y se inspiraron en algunas de las actividades de los vaqueros, o *cowboys*, que también usaban su ingenio[15] para domar a sus caballos y a otros animales.

Las dos fiestas se celebran en todo el estado y son perfectas para comer los distintos platillos que se cocinan en la región y tomar las bebidas más populares, como el tequila, una bebida alcohólica, y el agua de chía, que no tiene alcohol y es muy refrescante[16].

La chía es una semilla que se conoce desde hace muchos años. Los historiadores dicen que fue parte de la dieta de los antiguos mexicanos, y llegó a ser casi tan importante como el maíz, porque sus grasas naturales son una fuente de energía.

A la gente de Jalisco le encantan las cosas dulces. La lista de dulces y postres es muy larga, pero casi todos los que se comen en este estado fueron introducidos por las monjas[17] españolas que llegaron a la región después de la conquista de México. Vivían en conventos y difundían la religión católica entre los indígenas nativos. Ahí, en los conventos, las monjas combinaron

---

[12] **ajonjolí:** anís, semilla que da sabor a los guisos [13] **pelea de gallos:** enfrentamiento violento entre estos animales [14] **domar:** hacer dócil a un animal [15] **ingenio:** inteligencia [16] **refrescante:** que es muy fresca [17] **monja:** mujer que dedica su vida a la religión

las costumbres gastronómicas de España con las técnicas de los antiguos mexicanos, que hacían dulces con frutas, miel y semillas, e inventaron ese mundo azucarado[18] que es parte de la gastronomía mexicana.

¡Qué interesante!

Una de las bebidas más antiguas de México se inventó en Jalisco. Se llama tejuino. Existe desde hace 7 000 años, ya que era la bebida de los antiguos mexicanos, y está hecha de maíz cocido y azúcar moreno (que en México se llama piloncillo). Es perfecta para los días de calor porque se toma fría, con mucho hielo. Se compra en las calles de ciudades y pueblos y su sabor es agridulce[19].

[18] **azucarado:** con azúcar [19] **agridulce:** que es agrio y dulce

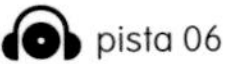
pista 06

Tortas ahogadas

Ingredientes para 6 personas:
½ kilo de carnitas de cerdo
6 birotes o bolillos[1] de costra[2] muy dura
50 gramos de chile de árbol, chile piquín o pimienta de cayena
½ kilo de jitomate
2 cebollas moradas y 2 dientes de ajo
1 clavo, 1 pizca de orégano, una de comino, una de sal y una de pimienta
250 gramos de frijoles refritos

Preparación:
Se cocina la carne en una olla con agua, con pimienta, un diente de ajo, un trozo de cebolla y sal a gusto. Se espera a que esté completamente hecha, y se tira el agua que sobra.

Se hierve el jitomate y en cuanto está blando, se muele con 2 tazas de agua tibia, un diente de ajo, un trozo de cebolla, sal, clavo y comino. Después, se fríe la salsa en una sartén, con una pizca de orégano. Se cuecen aparte los chiles y el resto de la cebolla. Se pica y se añade a la salsa de jitomate. Se abren los bolillos por la mitad para untar los frijoles refritos y se ponen las carnitas.

Cuando está listo, se mete en la olla de la salsa de jitomate picante, hasta tapar la torta por completo. Se deja un par de minutos para que el pan absorba la salsa y después se sirve en un plato hondo.

---

[1] **bolillo:** pan blanco [2] **costra:** cubierta o corteza exterior

pista 07

4. Baja California

Todos los años, a mediados de diciembre, miles de ballenas[1] grises se acercan a las costas de Baja California, al Mar de Cortés. Vienen desde Alaska, a 6500 kilómetros de distancia, en busca de comida y aguas cálidas[2].

Las ballenas son enormes y muy juguetonas[3]. Miden hasta 15 metros de largo y pesan cerca de 40 toneladas, pero son muy amistosas e inofensivas[4]. Su visita es un espectáculo que dura hasta marzo, cuando estos gigantes del mar, con grandes aletas[5] y ojos pequeños, regresan a su hogar en las heladas aguas de América del Norte.

Igual que las ballenas grises llegan a Baja California en busca de comida y de un ambiente cálido, mucha gente visita este estado mexicano para disfrutar de sus playas y del sabor de su gastronomía.

Baja California está en una península y esto significa que casi todo su territorio está rodeado de agua. Por un lado está el Mar de Cortés y, por el otro, el Océano Pacífico. Por eso, la mayor parte de recetas típicas de la región son de pescado o de mariscos, que se comen en tostadas, tacos, caldos y ceviches.

---

[1] **ballena:** cetáceo, animal enorme que vive en el mar [2] **cálido:** caliente [3] **juguetón:** que le gusta jugar [4] **inofensivo:** que no es peligroso [5] **aleta:** parte del cuerpo del pez que le ayuda a nadar

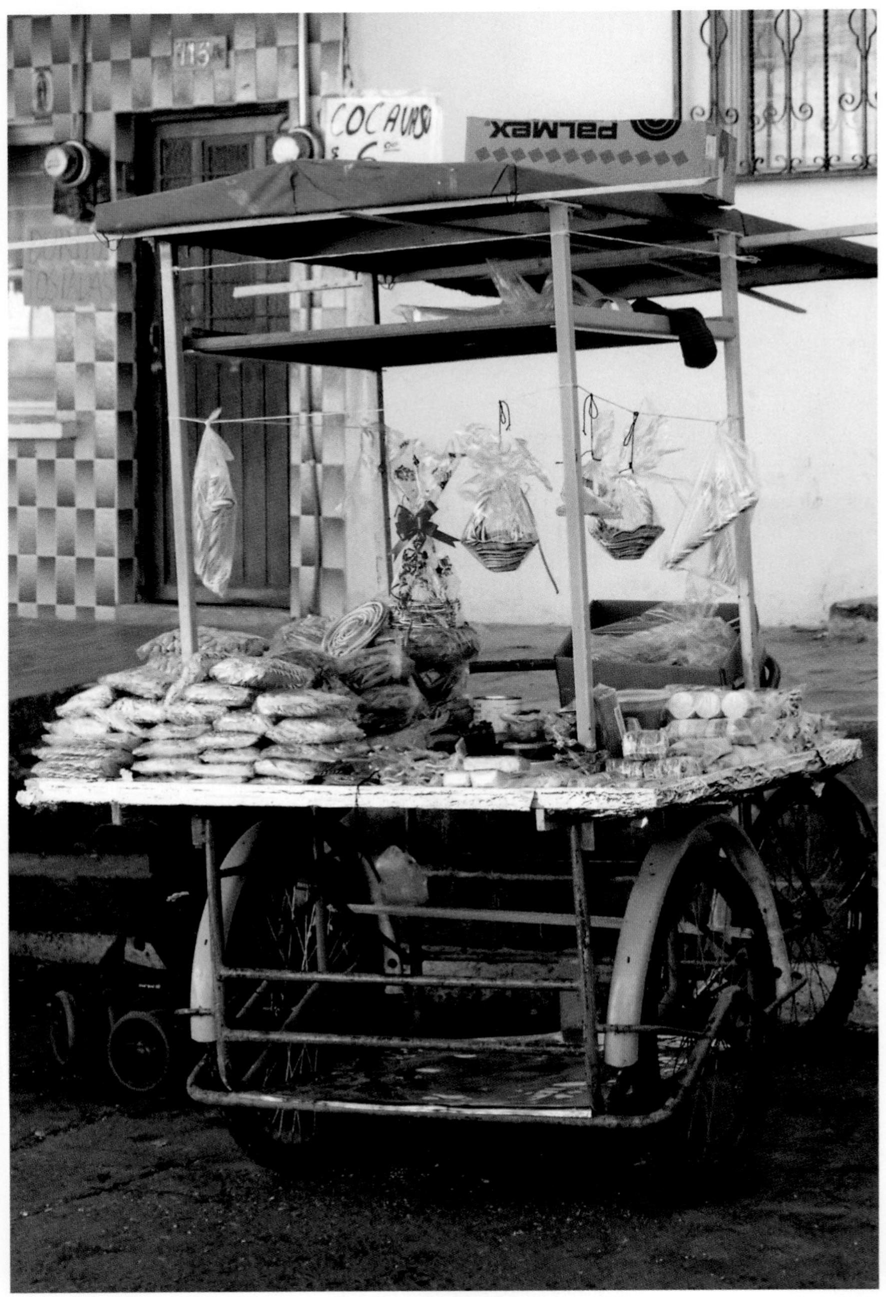

Puesto ambulante de dulces

Preparar ceviche de pescado es muy fácil. Solo hay que partir el pescado en trozos y ponerlo en jugo de limón durante algunas horas, hasta que esté totalmente cocido. Algunas recetas dicen que hay que añadir chile verde y hierbas, como cilantro o perejil, pero otras sugieren ponerle pepino y aguacate.

También se puede hacer ceviche de camarón y la técnica es la misma. Los camarones se cuecen con el jugo de limón. Ya cocidos, se añaden las hierbas, las verduras y el chile para darle un poco más de sabor.

El ceviche es un platillo muy popular porque es muy ligero y refrescante. Siempre se come frío y a cucharadas. Además, se vende por todas partes: en la playa, la calle y los mercados, porque el clima en la región es muy cálido. La temperatura media es de 20 grados centígrados, pero entre julio y agosto puede subir hasta 45 grados.

El ceviche es el aperitivo[6] perfecto, pero uno de los platos principales favoritos de la región es la langosta[7]. En Rosarito, una ciudad que está a la orilla del mar, la langosta es el rey de la cocina desde los años cincuenta, cuando se empezó a servir con arroz, frijoles y salsa. A la gente de la región le gusta tanto, que cada año come más de 100 mil platos de langosta.

Rosarito es un lugar muy famoso entre los fanáticos del cine (aquí están los estudios cinematográficos de la 20th Century Fox donde se filmaron las películas *Titanic* y *Las Crónicas de Narnia*), pero también es bastante conocida entre los estudiosos de la comida mexicana, porque muchos de sus platillos se comen con tortilla de harina de trigo[8] y no de maíz.

La langosta, por ejemplo, se debe comer con tortilla de harina de trigo o «tortilla blanca», como le dicen en los pueblos. También los tacos de pescado y de tiburón se sirven siempre con este tipo de tortilla, que está hecha de harina de trigo, agua o leche, manteca,

---

[6] **aperitivo:** que sirve para abrir el apetito [7] **langosta:** crustáceo de alta mar de sabor delicado [8] **trigo:** cereal que se usa para hacer harina

polvo para hornear y sal. En Baja California también se comen tortillas de maíz, solo que, en esta zona del país, la costumbre es comerlas con guisos y platillos que tengan carne roja.

Los españoles difundieron el cultivo de trigo en la región, después de la conquista de México. Entre los siglos XVII y XIX, frailes[9] jesuitas, franciscanos y dominicos llegaron a vivir al norte del país y construyeron varias misiones, que son grandes edificios religiosos de piedra. Desde ahí, enseñaron la religión católica a los indios nativos y también les dijeron cómo cultivar el trigo, que es el ingrediente esencial para elaborar las hostias[10] que se usan en la comunión católica.

La gastronomía de Baja California está conectada con la geografía del estado, y también es un ejemplo de la vida diaria de la región. En ciudades como Tijuana y Mexicali, donde la migración es un fenómeno muy importante, los alimentos tienen olores y sabores de países lejanos.

Tijuana es una ciudad única. Es la más poblada y diversa del estado, porque su cercanía con Estados Unidos la convierte en un lugar fundamental para todas las personas que quieren cruzar la frontera[11] para llegar a San Diego.

Muchos dicen que Tijuana es la «puerta de entrada a México». Otros, prefieren llamarla «la ciudad del muro[12]», porque allí hay un enorme muro que el gobierno de Estados Unidos construyó para evitar que los mexicanos pasen sin permiso a su territorio, que está al otro lado.

Pero el muro no detiene los sueños de miles y miles de personas del sur de México y Centroamérica que cada año llegan a Tijuana para cruzar la frontera y que, esperando el momento ideal para cruzar, cambian poco a poco la historia culinaria de la ciudad.

---

[9] **fraile:** religioso [10] **hostia:** tipo de pan muy delgado que se usa en la misa [11] **frontera:** límite de un país [12] **muro:** pared

¡Qué interesante!

Baja California es la tierra del vino mexicano. El 90% de los vinos de mayor calidad del país se cultiva y elabora en una región que está muy cerca de la ciudad de Ensenada y que se conoce como Valle de Guadalupe. El interés por producir vinos de gran calidad, que tengan reconocimiento internacional, es algo bastante nuevo en la región y en México, porque comenzó en los años ochenta. En la actualidad hay 25 viñedos que producen 2 millones de cajas de vino al año, para vender en el país y el extranjero.

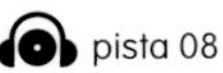
pista 08

Tacos de pescado

Ingredientes para preparar 12 tacos:
12 tortillas de harina de trigo
500 gramos de pescado blanco
2 tazas de aceite

Para el batido:
1 ½ taza de harina / 2 tazas de agua / ½ cucharada de polvo para hornear / 1 pizca de orégano

Para la salsa «pico de gallo»:
6 cucharadas de jitomate picado, sin piel ni semillas/ 2 cucharadas de cebolla picada / 2 cucharadas de chile verde picado / 1 taza de aceite / 2 cucharadas de vinagre de manzana / jugo de 1 limón / crema, sal y pimienta, a gusto.

Preparación:
Se baten los ingredientes del batido hasta hacer una mezcla. Se mezclan bien todos los ingredientes de la salsa «pico de gallo». Se limpia y se corta el pescado en tiras[1] de 1 o 2 cm. Se calienta el aceite en una sartén. Las tiras de pescado se cubren con el batido y después se fríen de forma individual en el aceite, hasta que se doran. Una vez doradas, se ponen sobre papel absorbente. Por último, se calientan las tortillas en otra sartén. Cuando están blandas, se agregan el pescado y la salsa. Se puede poner crema a gusto.

---

[1] **tira:** trozo largo

pista 09

5. Nuevo León

En México se dice que en ningún lugar del país se come más carne que en Nuevo León, porque los habitantes de este estado tienen la costumbre de comer carne en todas las comidas: en el desayuno la preparan con huevo, al mediodía con caldos picantes y en la cena con tortillas calientes y con salsa de jitomate.

El estado de Nuevo León está en el norte de México, muy cerca de Estados Unidos, y es uno de los estados con más dinero y trabajo de todo el país, porque hay muchas fábricas y empresas. Es una zona de desiertos y montañas, con pinos[1] y cactus que son el hogar de reptiles, osos, zorros y coyotes. El clima es muy extremo: en verano hace mucho calor y el invierno es tan frío que, a veces, el paisaje se cubre de nieve.

Los «norteños[2]» más tradicionales llevan siempre sombrero y botas. También usan chaquetas de flecos[3], que se mueven de un lado a otro cuando bailan los corridos[4] típicos de la región. Los flecos en la ropa, dicen los expertos, son herencia de los grupos de indios apaches, que en el pasado entraban en la zona después de

---

[1] **pino:** tipo de árbol que tiene por fruto la piña y por semilla el piñón [2] **norteño:** persona que vive en el norte [3] **fleco:** adorno de tela que cuelga de la ropa [4] **corrido:** tipo de canción típica del norte de México

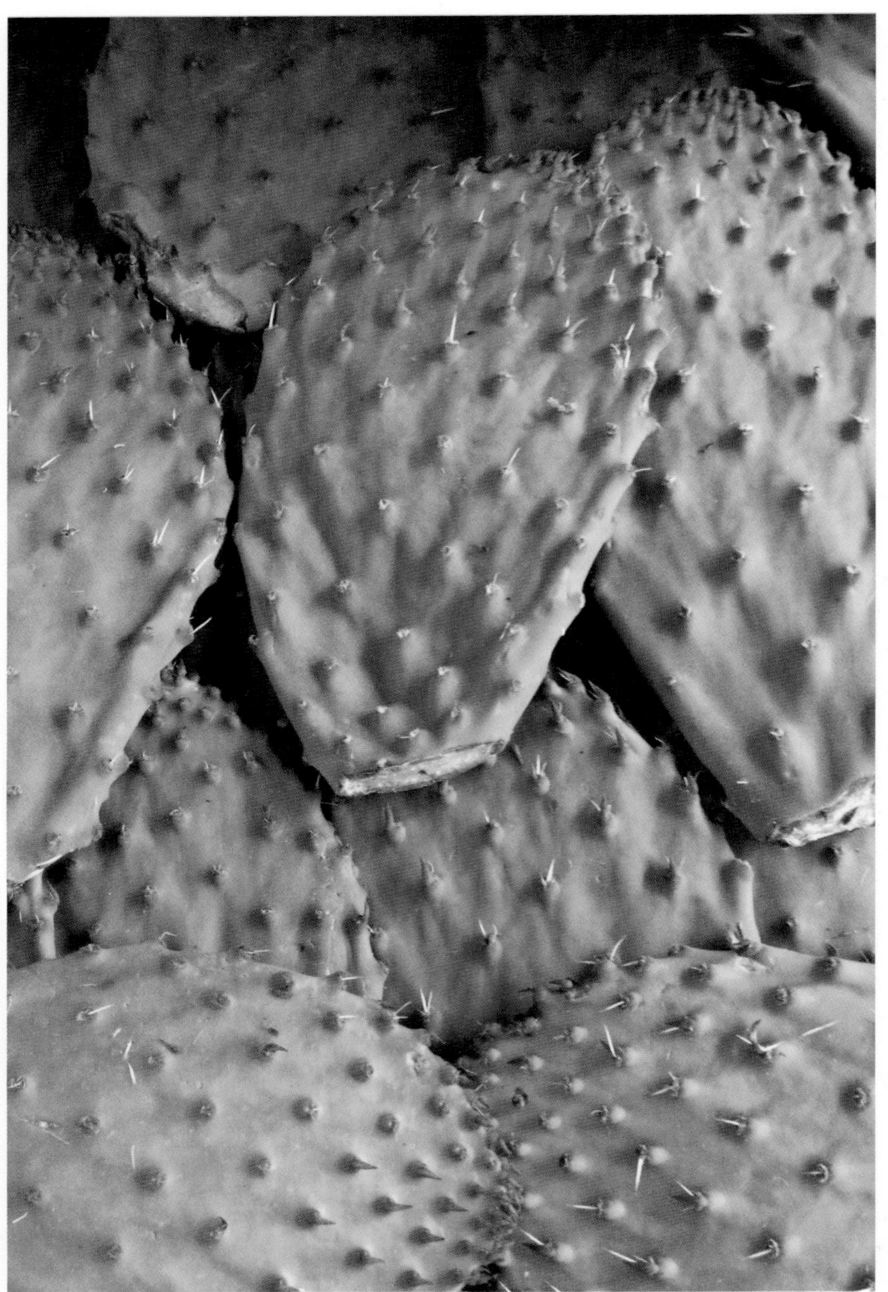

Nopales a la venta en una verdulería

cruzar la frontera entre México y Estados Unidos, a través de lo que hoy es Texas.

En la actualidad, en todo el estado de Nuevo León hay más de cuatro millones y medio de habitantes. La mayoría vive en Monterrey, la capital del estado y la ciudad más importante de toda la región.

En Monterrey está el Mercado Juárez, un lugar lleno de artesanía y música que es un laboratorio de olores y sabores diversos. Caminar entre los pasillos de este enorme mercado sirve para descubrir que en la gastronomía típica del estado no hay platillos vegetarianos ni se comen insectos, como en el sur del país. Aquí todos los guisos tienen carne y el platillo más popular es el cabrito.

«Los regios (como se les llama a los nacidos en Monterrey) comen el cabrito cuando aún es muy pequeño», explica el chef Francisco Almaguer. «Lo ideal es comerlo antes de que cumpla 40 días, cuando todavía se alimenta con la leche de su madre y aún no ha comido hierba». Francisco nació en Nuevo León y es un experto en la gastronomía de la zona.

Otro platillo a base de carne es la «fritada» de cabrito. La gente de los pueblos la llama «la sopa negra» porque es un caldo de color muy oscuro y hecho de sangre. Los libros de recetas dicen que la carne se debe cocinar con la propia sangre del animal, que se condimenta con hierbabuena[5] y tomillo. Para los más carnívoros, este platillo es delicioso.

Todos los fines de semana, los jóvenes que viven en la ciudad de Monterrey se reúnen en Villa de Santiago, un pequeño pueblo con calles estrechas que está cerca de la ciudad. La villa es el sitio perfecto para comer la comida más típica de la región porque ahí está el famoso restaurante Las Palomas y los merenderos[6] El Tino y El Charro.

---

[5] **hierbabuena:** tipo de hierba de olor muy agradable que se usa como condimento

[6] **merendero:** lugar donde se va a comer al mediodía

En estos lugares se pueden comer los famosos «frijoles charros», que es un guiso con caldo que se prepara con frijoles, tocino, tomate, cilantro, cebolla y ajo. O también se pueden comer frijoles borrachos, que es un platillo muy similar a los frijoles charros, pero que se cocina con cerveza.

¡Qué interesante!

En Nuevo León se preparan algunos de los postres más populares de todo México. El más delicioso se llama las glorias. Son unos dulces de leche quemada, azúcar y nuez picada que se producen en la ciudad de Linares, al sur del estado. Se dice que las glorias son un invento de Doña Natalia Medina Núñez, quien, en la década de 1930, tuvo la idea de mezclar estos ingredientes para hacer una masa dulce, y la empezó a vender. Nadie sabe cuál es el origen del nombre, pero a los románticos de la región les gusta decir que es un dulce tan rico que su sabor invoca al paraíso, a la gloria.

 pista 10

Pastel de carne estilo Nuevo León

Ingredientes para 4 personas:
300 gramos de carne picada
1 huevo, 1 cucharada de mostaza
1 rebanada de pan
2 cucharadas de leche
80 gramos de chorizo, 2 rebanadas de tocino
1 chile poblano[1] partido en rajas
1 papa grande, 1 zanahoria mediana
½ cebolla mediana, picada en trozos pequeños

Se enciende el horno a 200 grados centígrados. Se pelan la papa y la zanahoria, se cortan en trozos medianos y se hierven en agua con sal. Cuando estén cocidas, se les quita el agua que sobra.

El chorizo se desbarata[2] y se añade en una sartén caliente, con el tocino picado, la cebolla y el chile poblano. Se cocina, hasta que la cebolla se pone transparente y el chile se vuelve blando.

Después se añade la papa y la zanahoria, y se cocina todo junto durante 10 minutos.

El pan se remoja con la leche, hasta que se desbarata. Se añade la carne molida, el huevo y la mostaza, hasta tener una mezcla.

Se pone la mitad de la carne en un recipiente para hornear y encima se pone el guisado de verduras. Al final, se pone el resto de la carne y se cocina al horno durante 30 minutos.

---

[1] **chile poblano:** chile grande, no muy picante, de color verde, rojo o negro
[2] **desbaratar:** deshacer en trozos muy pequeños

Cerámica de Talavera

 pista 11

6. Puebla

Cuenta la leyenda que en el siglo XVII las monjas del convento de Santa Rosa, en Puebla, recibieron la noticia de la visita de un personaje muy importante de la iglesia católica. Se dice que la monja Andrea de la Asunción fue la encargada de hacer la comida de bienvenida y también la única que no se paralizó de miedo, al ver que en la cocina no había ingredientes suficientes para cocinar. Encontró un pavo, chiles y hierbas de muchos tipos. También chocolate... mucho chocolate. Nerviosa, decidió mezclar todos los ingredientes e inventar un guiso completamente nuevo con salsa de chocolate picante: el mole poblano.

No todos aceptan esta versión. En algunos pueblos se dice que el inventor del mole no fue la monja Andrea de la Asunción, sino el fraile Pascual quien, un día de fiesta, tiró por accidente una bandeja con chiles, especias[1] y chocolate en una cazuela con pavos que estaban listos para comer. Como no había tiempo de preparar otro guiso, Pascual rezó un padrenuestro y pidió que la comida tuviera buen sabor. Y así fue. Todos los invitados dijeron que el guiso estaba delicioso.

Esta versión es la favorita de muchas cocineras mexicanas de Puebla y de todo México, que en la actualidad acostumbran a

---

[1] **especias:** condimentos

rezar para que el fraile Pascual ayude en la cocina, cuando tienen que preparar una comida importante. Se dice que el ritual es muy fácil y efectivo. Solo hay que prender una vela[2] blanca enfrente del fogón y repetir tres veces la frase: «San Pascual querido, ayúdame a cocinar con buen sabor».

Nadie sabe cuál de estas dos versiones es la verdadera, pero lo cierto es que el famoso mole poblano nació en el interior de un edificio religioso. No es el único platillo que nació así. También los chiles en nogada, que se comen entre agosto y septiembre durante las Fiestas de Independencia, fueron creados por las monjas en la cocina de un convento.

De acuerdo con los historiadores locales, las monjas del Convento de Santa Mónica cocinaron este guiso para Agustín de Iturbide y su Ejército Trigarante, que lucharon por la Independencia de México. Como homenaje a su lucha y valor, las monjas inventaron un platillo con los mismos colores que la bandera de México, que son el verde, el blanco y el rojo. Mezclaron el chile verde con granos de granada[3] roja y nogada, que es una salsa blanca hecha de nuez y jerez[4].

Los chiles en nogada son chiles verdes, rellenos de carne picada cocinada con manzanas, duraznos, peras, pasas y piñones. Se sirven siempre en un plato de barro y se les pone la salsa nogada encima. Al final, se añaden unos granos de granada. Es un platillo muy vistoso[5].

El estado de Puebla está en el centro de México, en un valle de tierras muy fértiles y enormes volcanes, como el Popocatépetl y el Iztaccíhuatl. Su clima es templado y húmedo y, por eso, el paisaje es muy verde.

De acuerdo con la experta Dolores Ávila, Puebla es «el corazón gastronómico del país» porque sus platillos combinan técnicas e ingredientes de todas las regiones. Por eso, la mayoría

---

[2] **vela:** cilindro de cera que sirve para alumbrar [3] **granada:** un tipo de fruta de color rojo [4] **jerez:** vino blanco que se elabora en el sur de España [5] **vistoso:** que tiene buena presentación

de las recetas son muy difíciles de hacer. «Hay que tener mucha paciencia y mucho tiempo», dice.

La gastronomía del estado de Puebla también tiene una fuerte influencia española. Los religiosos que llegaron de España en 1519, para enseñar la religión católica a los antiguos mexicanos de la región, dedicaron mucho tiempo a experimentar en la cocina. Mezclaron los ingredientes que trajeron los conquistadores con los que comían los nativos de México y crearon guisos únicos.

Las monjas de los conventos de Santa Clara, Santa Rosa, Santa Mónica y Santa Teresa inventaron postres y dulces deliciosos, como turrones, alfajores, buñuelos, limones rellenos de coco rallado y galletas.

Pero la lista de comida típica de la región va mucho más allá de moles y dulces, porque en los mercados de pueblos y ciudades, las mujeres cocinan muchos platillos elaborados con tortillas, como las chalupas (una tortilla con manteca, salsa y queso fresco) y otros platos tradicionales a base de chile, como las famosas rajas poblanas.

En Puebla hay una variedad muy grande de bebidas, pero la más famosa es el atole, que es una bebida prehispánica que siempre se toma caliente y que está hecha de harina de maíz, agua y azúcar moreno. En esta región, se le añaden frutas, como fresa o piña.

¡Qué interesante!

Las cocinas poblanas son, por lo general, muy grandes y bonitas, porque en casi todas hay mosaicos y platos de Talavera, que es un tipo de cerámica muy especial. La talavera se produce desde hace 450 años y cada pieza es única, porque se hace a mano. Además es muy colorida: tiene los colores del cielo y de las flores del campo, pero destacan los colores amarillo, verde, negro y naranja.

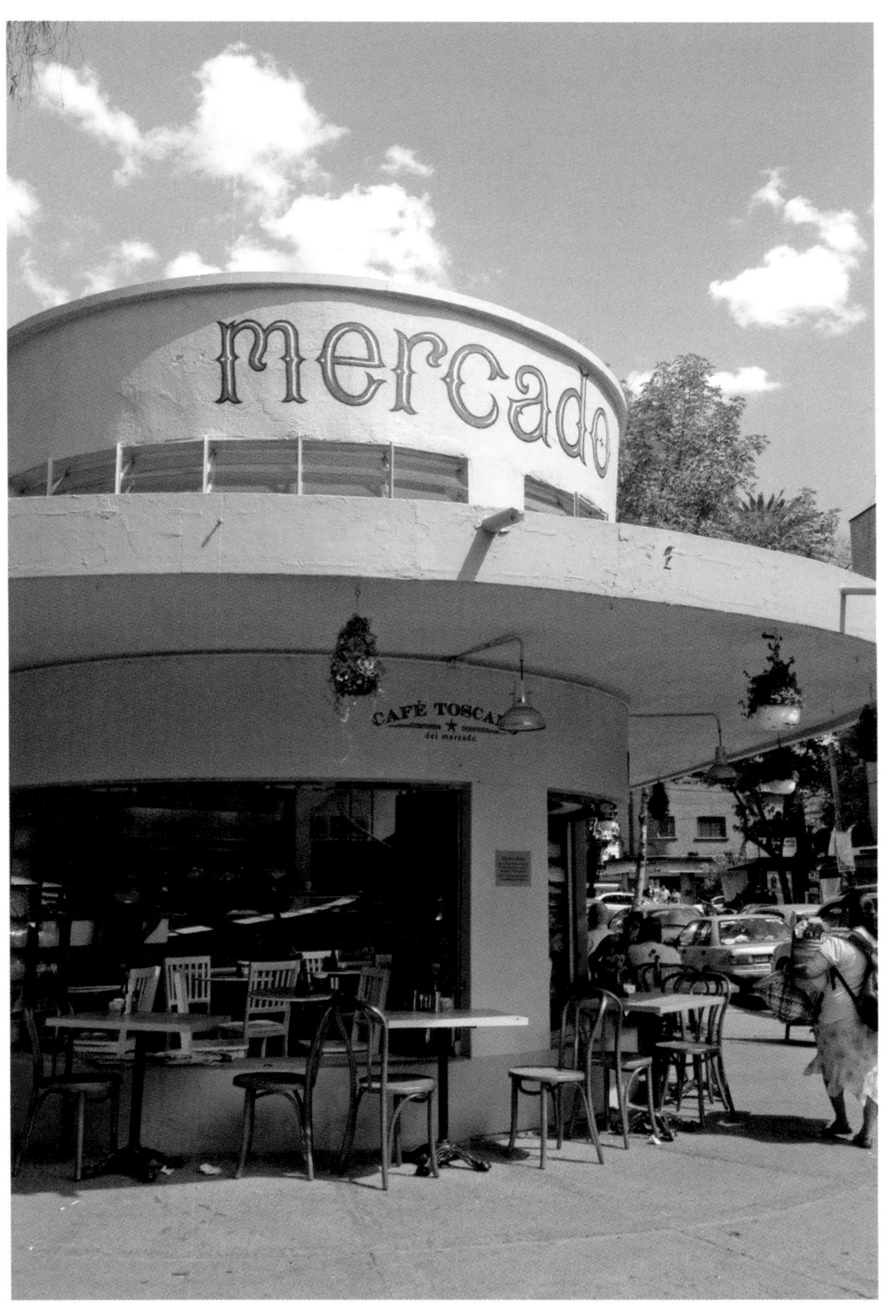

Café al paso en una esquina

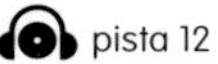
pista 12

Rajas poblanas

Ingredientes para cinco personas:
10 chiles poblanos
1 queso fresco cortado en trozos
4 cucharadas de cebolla picada
4 cucharadas de aceite
sal a gusto

Se asan los chiles en el fogón, y después se pelan. Ya pelados, se ponen en agua con sal para quitar un poco del picante. Se cortan en tiras y se fríen en aceite muy caliente. Después se añaden la cebolla, la sal y el queso en trozos. Se mueve la mezcla hasta que el queso se desbarata por completo. Se retira del fuego y se sirve de inmediato.

pista 13

7. Yucatán

La ciudad antigua de Chichén Itzá es una de las nuevas siete maravillas del mundo moderno. Está en el estado de Yucatán, en el sureste de México, y es uno de los sitios turísticos más importantes del país. Cada año tiene más de un millón y medio de visitantes.

Chichén Itzá fue el hogar de la civilización maya, que estuvo formada por artistas y científicos que aprendieron a construir instrumentos musicales y a leer las estrellas que brillan en el cielo.

Fue una ciudad muy bella, con grandes edificios de piedra que quedaron en el abandono y que hoy está vacía. Pero sus habitantes, los mayas, no desaparecieron.

De acuerdo con los expertos, en el estado de Yucatán viven actualmente medio millón de indígenas mayas y esto significa que una tercera parte de la población actual tiene hábitos muy similares a los que tenían los antiguos habitantes de la zona, hace miles de años. Los chicos mayas aprenden español en la escuela, pero en sus casas y pueblos hablan la lengua que aprendieron de sus padres y abuelos. Y no solo hablan como ellos, también cocinan como ellos.

Los mayas de hoy viven en casas muy sencillas, hechas de madera y donde las cocinas tienen muchos utensilios de piedra y barro, como los que se usaban en el pasado. Siempre hay un utensilio, llamado metate, para moler el maíz y un comal, para calentar las tortillas.

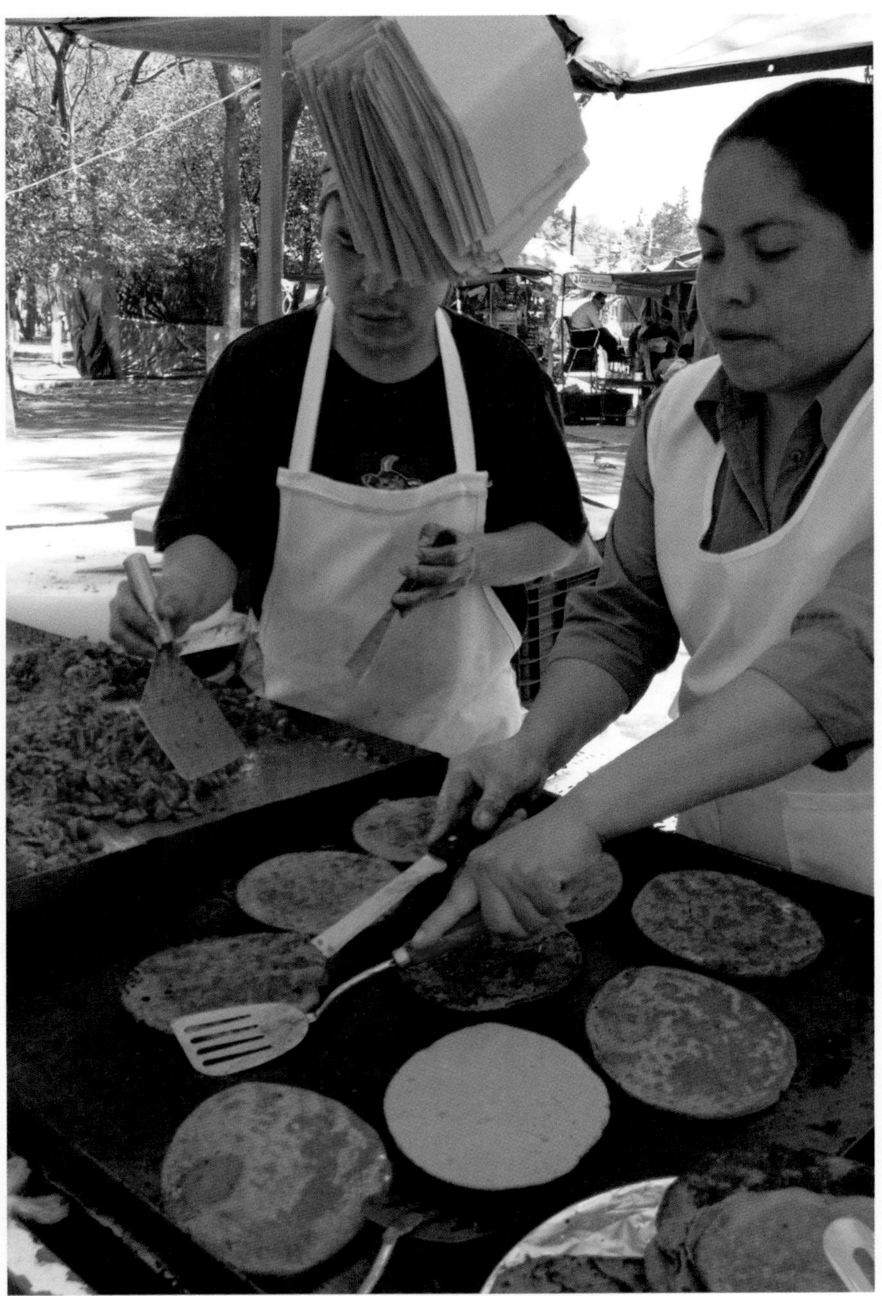

Tortillas de maíz en un puesto callejero de comida

Los historiadores locales dicen que la gastronomía de Yucatán conserva el sabor prehispánico, porque durante mucho tiempo la falta de caminos hizo muy difícil el acceso a la región.

Yucatán está en una península que tiene el mismo nombre, y que, de acuerdo con el mito, se llama así desde que los españoles llegaron a México. Eran los años de la conquista. Por un lado, los españoles no entendían la lengua maya. Por el otro, los mayas no hablaban español. Así que, cuando los españoles pidieron datos sobre la región, los mayas respondieron con la frase: «uh yu ka t'aan», que en maya significa 'oye, qué extraño hablan'. Los españoles pensaron que los mayas habían dicho «Yucatán» y desde entonces la región se conoce con ese nombre.

Como en la antigüedad, el maíz es el ingrediente principal en la gastronomía de Yucatán, una de las más tradicionales de México. La lista de platillos típicos es muy grande, pero entre los más populares están los salbutes y los panuchos, que se hacen con tortillas de maíz hechas a mano, fritas y cubiertas de frijoles negros con carne, lechuga, cebolla y salsa de jitomate. O como la famosa sopa de lima, que es muy parecida al caldo de pollo.

Pero ningún guiso representa mejor a la cocina de Yucatán que la famosa cochinita pibil, que es carne de cerdo condimentada con semillas, especias y zumo de naranja. Este platillo se cocina envuelto en hoja de plátano y se come en tacos o tortas.

Mérida es la ciudad más importante del estado. La llaman «la ciudad blanca» porque la mayoría de sus edificios están hechos con una piedra de color muy claro, casi blanco. Es una ciudad de calles estrechas y barrios amigables. Los vecinos se conocen y la ciudad es tan segura, que muchas personas tienen abierta la puerta de su casa todo el día. Como el clima es muy cálido, a la gente le gusta dormir en hamacas. También es costumbre que los locales vistan con guayabera, una camisa hecha de algodón en colores muy claros y con adornos en los bolsillos y las mangas. Las mujeres, por su parte, usan ropa muy ligera y sandalias de tela.

Una pirámide en Chichen Itzá

En el mercado de Santa Ana, en Mérida, se pueden comer los tamales, que son típicos de la región. Se dice que Mérida es la tierra del tamal porque sus habitantes acostumbran a comer tamales casi a diario. El más famoso es el «muchipollo», un tamal que se cocina al vapor y en hornos de tierra. Es un platillo único.

La gastronomía de Yucatán se ha transformado con el tiempo. Con la llegada de los españoles, la región conoció ingredientes como el trigo, el olivo, el ajo y varias especias. Después, en el siglo XIX, llegaron a vivir a estas tierras franceses, italianos y judíos. Pero las raíces mayas son muy fuertes y el sabor prehispánico sigue vivo en cada uno de los guisos que se preparan en la región.

¡Qué interesante!

En Yucatán se cultiva uno de los chiles más picantes del mundo, el chile habanero, que se usa para cocinar muchos alimentos típicos de la región y para preparar la famosa salsa xnipec, que se hace con jugo de limón, cebolla y trozos de chile habanero asado y molido. En maya, *xnipec* significa 'nariz de perro'. Los historiadores locales cuentan que la salsa recibió ese nombre porque es tan picante que, al comerla, la nariz se ve mojada, como la de los animales.

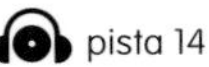

Sopa de lima

Ingredientes para 6 personas:
2 pechugas de pollo
3 cucharadas de manteca o aceite
2 cebollas
3 dientes de ajo picados
2 tomates verdes picados
1 chile habanero cortado en tiras
6 limas
2 cucharadas de orégano
1 cucharada de hoja de laurel cortada en trozos
1/4 de cucharada pequeña de pimienta
2 cucharadas de caldo de pollo en polvo
1 pizca de sal
1/2 cucharada de vinagre
3 tortillas cortadas en tiras

Preparación:
En una olla con nueve tazas de agua hirviendo se pone el pollo, el orégano, el caldo de pollo en polvo, el laurel, la pimienta, los ajos, una cebolla partida en cuatro partes y una pizca de sal. Se deja hervir.

Cuando el pollo está cocido, se deja enfriar y se deshebra.

El resto de la cebolla se parte en trozos pequeños y se pone a freír en otra olla con un poco de aceite. Cuando la cebolla esté transparente se agrega el tomate picado, el chile cortado en tiras, la mitad de las limas rebanadas y el vinagre.

Se deja hervir por diez minutos y después se agrega el pollo y la otra mitad de las limas rebanadas. Se sirve inmediatamente y en cada plato se agregan unas cuantas tortillas fritas.

Notas culturales

Introducción

Maya: Una de las culturas prehispánicas más importantes de México, por su legado científico.

Día de los Muertos: Tradición mexicana de origen prehispánico que se celebra en todo el país, el día 2 de noviembre. La celebración tiene como objetivo recordar a los amigos y familiares que han muerto.

Fiesta de Quince Años: En todas las regiones del país, las familias más tradicionales organizan una gran fiesta, con misa, cena y baile, cuando sus hijas cumplen quince años. Es una forma de reconocer que la chica dejó de ser niña, pero también es una presentación en sociedad.

1. La gastronomía mexicana

Altar de muertos: Una de las costumbres del Día de los Muertos es poner un altar de muertos, que es una mesa con flores, velas, fotografías y comida. De acuerdo con la tradición, en el altar hay que poner los platillos que más le gustaban a la persona que murió.

Conquista de México: Periodo que va de 1519 a 1521, cuando los españoles cruzaron el océano y llegaron a México en busca de nuevas tierras para gobernar. Para controlar el país tuvieron que someter a los nativos, a quienes enseñaron la religión católica.

6. Puebla

Padrenuestro: Oración católica que empieza con estas palabras.

Independencia de México: Fue un movimiento armado con el que los mexicanos lograron liberarse del dominio español, después de 300 años de dominio. El proceso empezó en 1810 y terminó en 1821.

7. Yucatán

Nuevas siete maravillas del mundo moderno: monumentos ganadores de un concurso para elegir las obras hechas por el hombre más significativas. Las candidatas a la categoría de maravillas eran todas las construcciones hechas por el hombre hasta el año 2000, siempre que estuvieran en pie. Las ganadoras fueron votadas por el público, y se anunciaron en 2007.

Glosario

Abreviaturas usadas: *m.*: masculino (el/los) *f.*: femenino (la/las)

ESPAÑOL	INGLÉS	FRANCÉS	ALEMÁN

Introducción

ESPAÑOL	INGLÉS	FRANCÉS	ALEMÁN
1 **poblado/-a**	inhabited	peuplé, habité	bevölkert
2 **paisaje** *m.*	landscape	paysage	Landschaft
3 **leyenda** *f.*	legend	légende	Legende
4 **antiguo/-a**	old	vieux	alt
5 **receta** *f.*	recipe	recette	Rezept
6 **tierra** *f.*	land	terre (ici : les terres)	Land
7 **picante**	hot, spicy	épicé	scharf
8 **festivo/-a**	festive	festif	fröhlich, lustig
9 **compartir**	to share	partager	teilen
10 **barriga** *f.*	belly	ventre	Bauch
11 **sabroso/-a**	tasty	savoureux	köstlich

Cocina de la A a la Z

ESPAÑOL	INGLÉS	FRANCÉS	ALEMÁN
1 **barro** *m.*	clay	argile	Lehm
2 **jitomate** *m.*	tomato	tomate	Tomate

1. La gastronomía mexicana

ESPAÑOL	INGLÉS	FRANCÉS	ALEMÁN
1 **fogón** *m.*	cooker	fourneau	Herd
2 **oler**	to smell	sentir	riechen
3 **provincia** *f.*	province	province	Landesinnere
4 **utensilio de cocina** *m.*	kitchen utensil	ustensile de cuisine	Küchengerät
5 **metate** *m.*	flat stone for grinding corn	meule	Mahlstein
6 **incluso**	even	y compris	sogar, selbst
7 **tamal** *m.*	tamale	tamal	Maistasche
8 **grano** *m.*	grain	grain	Korn
9 **cal** *f.*	limescale	chaux	Kalk
10 **quesadilla** *f.*	tortilla filled with a savoury mixture	crèpe de maïs fourrée au fromage	Tortilla mit einer schmackhaften Füllung
11 **trilogía** *f.*	trilogy	trilogie	Trilogie
12 **puesto** *m.*	stall	étal/s	Marktstand

ESPAÑOL	INGLÉS	FRANCÉS	ALEMÁN
13 **molido/-a**	ground	moulu	gemahlen
14 **culinario/-a**	culinary	culinaire	kulinarisch
15 **golpeteo** *m.*	tapping	tapotement	Klopfen
16 **prohibir**	to ban	interdiction	verbieten
17 **mandil** *m.*	apron	tablier	Schürze
18 **simbolismo** *m.*	symbolism	symbolisme	Symbolismus
19 **pasado/-a de moda**	dated	démodé	altmodisch
20 **misa** *f.*	mass	messe	Messe
21 **boda** *f.*	wedding	mariage	Hochzeit
22 **además**	also	en plus	ausser
23 **especialidad de la casa** *f.*	house specialty	spécialité de la maison	Hausspezialität
24 **tomar**	to drink	boire	trinken
25 **pasar un buen rato**	to have fun	passer un bon moment	Spass haben
26 **difunto/-a**	deseased	défunt	Verstorberner
27 **saltamontes** *m.*	grasshopper	sauterelles	Heuschrecke
28 **botana** *f.*	appetizer	amuse-gueule	Aperitif
29 **bocadillo** *m.*	snack	en-cas	Aperitif
30 **apetito** *m.*	appetite	appétit	Appetit

2. Guerrero

ESPAÑOL	INGLÉS	FRANCÉS	ALEMÁN
1 **bronceado/-a**	tanned	bronzé/e	sonnengebräunt
2 **lana** *f.*	wool	laine	Wolle
3 **pescador/a**	fisherman	pêcheur	Fischer
4 **bote** *m.*	boat	barque	Boot
5 **fonda** *f.*	cheap restaurant	auberge	Gasthaus
6 **espuma** *f.*	froth	écume	Schaum
7 **chinche de monte** *f.*	insect (*Edessa mexicana*)	insecte (*Edessa mexicana*)	Bergwanze (mexikanisches Insekt)
8 **iguana** *f.*	iguana	iguane	Leguan
9 **puerto** *m.*	port	port	Hafen
10 **bandeja** *f.*	tray	plateau	Tablett
11 **aguas frescas** *f.*	fruit-flavoured water	eau fruitée	gesüsste Fruchsaftgetränke
12 **postre** *m.*	dessert	dessert	Nachspeise

ESPAÑOL	INGLÉS	FRANCÉS	ALEMÁN

Receta de pozole

ESPAÑOL	INGLÉS	FRANCÉS	ALEMÁN
[1] **laurel** *m.*	bayleaf	laurier	Lorbeer
[2] **orégano** *m.*	oregano	origan	Oregano
[3] **chile piquín** *m.*	bird pepper	piment chili	ganz kleiner und scharfer Chili
[4] **espeso/-a**	thick	épais	dickflüssig
[5] **hondo/-a**	deep	profond	tief

3. Jalisco

ESPAÑOL	INGLÉS	FRANCÉS	ALEMÁN
[1] **mariachi** *m.*	traditional Mexican ensemble	groupe de musiciens mexicains	traditioneller mexikanischer Musiker
[2] **charro** *m.*	horseman	cavalier	Reiter
[3] **bautizo** *m.*	christening	baptême	Taufe
[4] **ahogado/-a**	drowned	noyé	ertrunken
[5] **chile de árbol** *m.*	rat's tail pepper	piment chile de árbol	sehr scharfer Chili
[6] **agrio/-a**	sour	aigre	sauer
[7] **salado/-a**	salty	salé	salzig
[8] **vara** *f.*	stick	bâton	Stab
[9] **antojito** *m.*	snack	repas léger	Imbiss
[10] **jugo** *m.*	juice	jus	Saft
[11] **chile jalapeño** *m.*	jalapeño pepper	piment jalapeño	Jalapena
[12] **ajonjolí** *m.*	aniseed	anis	Anissamen
[13] **pelea de gallos** *f.*	cock fight	combat de coqs	Hahnenkampf
[14] **domar**	to tame	dompter	zähmen
[15] **ingenio** *m.*	wit	intelligence	Einfallsreichtum
[16] **refrescante**	refreshing	rafraîchissant	erfrischend
[17] **monja** *f.*	nun	nonne	Nonne
[18] **azucarado/-a**	sweet	sucré	süss
[19] **agridulce**	bittersweet	aigre-doux	süsssauer

Tortas ahogadas

ESPAÑOL	INGLÉS	FRANCÉS	ALEMÁN
[1] **bolillo** *m.*	white bread	pain blanc	Weissbrot
[2] **costra** *f.*	crust	croûte	Kruste

ESPAÑOL	INGLÉS	FRANCÉS	ALEMÁN

4. Baja California

ESPAÑOL	INGLÉS	FRANCÉS	ALEMÁN
[1] **ballena** *f.*	whale	baleine	Wal
[2] **cálido/-a**	warm	chaud	warm
[3] **juguetón/-ona**	playful	espiègle	verspielt
[4] **inofensivo/-a**	harmless	inoffensif	harmlos
[5] **aleta** *f.*	fin	aileron	Flosse
[6] **aperitivo** *m.*	appetizer	amuse-gueule/s	Aperitif
[7] **langosta** *f.*	lobster	langouste	Languste
[8] **trigo** *m.*	wheat	blé	Weizen
[9] **fraile** *m.*	friar	frère, moine	Mönch
[10] **hostia** *f.*	wafer	hostie	Hostie
[11] **frontera** *f.*	border	frontière	Grenze
[12] **muro** *m.*	wall	mur	Mauer

Tacos de pescado

ESPAÑOL	INGLÉS	FRANCÉS	ALEMÁN
[1] **tira** *f.*	strip	bande	Streifen

5. Nuevo León

ESPAÑOL	INGLÉS	FRANCÉS	ALEMÁN
[1] **pino** *m.*	pine	pin	Kiefer
[2] **norteño/-a**	Northener	gens du nord	Nordländer
[3] **fleco** *m.*	fringe	frange	Franse
[4] **corrido** *m.*	Mexican folk song	chanson folk mexicaine	mexikanische Volksmusik
[5] **hierbabuena** *f.*	spearmint	menthe	Minze
[6] **merendero** *m.*	outdoor bar	guinguette	Imbissstand

Pastel de carne estilo Nuevo León

ESPAÑOL	INGLÉS	FRANCÉS	ALEMÁN
[1] **chile poblano** *m.*	Poblano pepper	piment poblano	Poblano
[2] **desbaratar**	to break up	débiter	zerstückeln

ESPAÑOL	INGLÉS	FRANCÉS	ALEMÁN

6. Puebla

[1] **especias** *f.*	spices	épices	Gewürze
[2] **vela** *f.*	candle	bougie	Kerze
[3] **granada** *f.*	pomegranate	grenade	Granatapfel
[4] **jerez** *m.*	sherry	xérès	Sherry
[5] **vistoso/-a**	eye-catching	voyant	auffällig

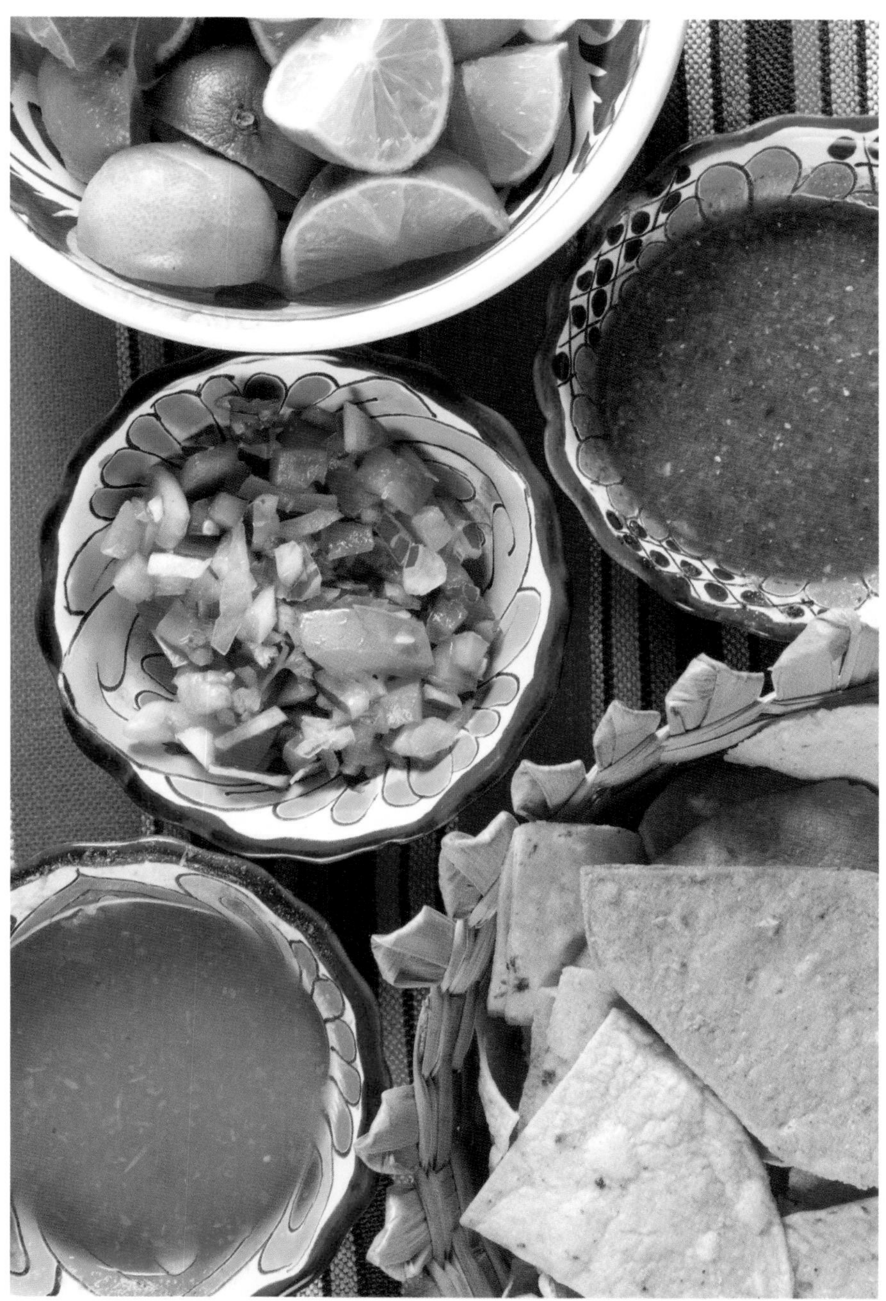

Salsas «pico de gallo»

actividades

ANTES DE LEER

1. ¿Qué sabes sobre la cocina mexicana? Marca los platillos de esta gastronomía.

los tacos	la tortilla de patatas	las empanadas
el mole	las patatas bravas	las gorditas
las glorias	las quesadillas	la paella

2. Mira las fotos de las páginas 10 y 26. ¿Cómo crees que son los mercados? ¿Qué se vende allí? ¿Qué te llama la atención? ¿Por qué?

DURANTE LA LECTURA

Introducción

3. En el texto se anticipan varios temas. ¿Cuál te interesa más y por qué?

4. Completa con la palabra adecuada. Cuidado: hay más palabras de las necesarias.

carne	juntos	feliz	picantes	sobremesa
diversa	solos	suave	frijol	paciencia

a. La gastronomía mexicana es muy ________.
b. La dieta de los antiguos mexicanos era a base de ________, maíz y chile.
c. Los chiles son pimientos muy ________.

d. La gente de Nuevo León es la que come más ____.
e. A los mexicanos no les gusta comer ____.
f. La charla después de la comida es la ____.
g. «*Barriga llena, corazón contento*» significa que, con hambre, es imposible ser ____.

Respuestas: a. diversa. b. frijol. c. picantes. d. carne. e. solos. f. feliz.

Capítulo 1

5. ¿Cuáles son los puestos más populares en los mercados mexicanos? ¿Por qué?

6. Clasifica estas costumbres como antiguas (A), modernas (M) o las dos cosas (2).

el uso de ollas de barro	A	M	2
hacer tortillas	A	M	2
«la cocina es solo para mujeres»	A	M	2
preparar pozole	A	M	2
comer insectos	A	M	2

7. Escribe tres cosas que recuerdes sobre el pozole.

1.
2.
3.

Capítulo 2

8. Mira la foto de la página 28. Describe, con tus palabras, la pozolería. Imagina cómo es la comida, qué tipo de público va y cómo son los precios.

Capítulo 3

9. ¿Qué se dice sobre el origen del pan birote?
   a. que proviene de Francia.
   b. que es duro y agrio.
   c. que su origen no está claro.
   d. todas las respuestas son correctas.

10. ¿Quién es doña Lupita, y cuál es su especialidad?

Capítulo 4

11. Escucha la pista 07. ¿Dónde está Baja California, y qué tipo de gastronomía aprovecha mejor su geografía?

12. Corrige las frases para que la información sea verdadera.
   a. El ceviche se prepara en el horno.
   b. El ceviche es popular porque se puede comer con la mano.
   c. La langosta se come con tortillas azules.
   d. La gastronomía de Tijuana es la misma desde hace siglos.
   e. Hace años que México produce vinos excelentes.

Capítulo 5

13. ¿Cómo te vestirías al estilo «norteño»?

14. Imagina que cocinas una comida de tres platos, todos típicos de Nuevo León. Escribe un breve menú con entrante, plato principal y postre. ¿Qué tienen en común la mayoría de los platos?

Capítulo 6

15. Relaciona las frases.

a. El mole es una salsa	I. requiere tiempo y paciencia.
b. Los chiles en nogada	II. con harina de maíz y frutas.
c. Las recetas poblanas	III. con chocolate.
d. El atole se hace	IV. son un homenaje a los soldados.

16. Mira la página 50. ¿Cómo se llama este tipo cerámica y por qué es único?

Capítulo 7

17. ¿Qué es Chichén Itzá? ¿Quién la construyó?

18. ¿Cuál es el plato más popular de esta región? ¿Qué ingredientes lleva?

19. Escribe 2 cosas sobre el chile habanero.

1. 2.

DESPUÉS DE LEER

20. Vuelve a leer los platillos que marcaste en la sección antes de leer. ¿Formaban parte de la gastronomía mexicana? Añade cinco platos más.

21. ¿Qué platillo te ha llamado más la atención, de los mencionados en este libro? ¿Por qué? ¿Te gustaría probarlo?

22. ¿Cómo se comparan la cocina mexicana y sus tradiciones, con la cocina y las tradiciones de tu país? Señala dos similitudes y dos diferencias.

LÉXICO

23. Completa el crucigrama.

Horizontales

2. prenda de tela para proteger la ropa al cocinar.
4. arcilla para hacer ollas.

Verticales

1. pimiento picante.
2. día de celebración de los difuntos.
3. salsa blanca con nuez moscada y jerez.

Respuestas: Horizontales: 2. mandil. 4. barro. Verticales: 1. chile. 2. muertos. 3. nogada.

24. Marca el intruso en cada línea.

a. asar, cocer, hervir, hornear, pelar.
b. mole, gloria, tortilla, taco, cochinita.
c. ceviche, langosta, gordita, taco de pescado, huachinango.

VÍDEO

25. Vas a ver una entrevista con el cocinero mexicano Francisco Almaguer. Pero antes, ¿qué ingredientes son importantes en la cocina mexicana? Marca 3 en esta lista.

las tortillas ☐	el jitomate ☐	el ajo ☐
la pasta ☐	la zanahoria ☐	el chile ☐

26. ¿Cómo es el restaurante La veracruzana? ¿En qué tipo de platillos se especializa?

27. ¿Dónde compran los mariscos para el restaurante?

28. Francisco y su equipo preparan dos recetas. ¿Cuál te parece más deliciosa? ¿Por qué?

INTERNET

Para saber más sobre la cocina mexicana, visita esta página de internet:
http://www.unesco.org/culture/ich/index.php?lg=es&pg=00011&RL=00400

Allí puedes leer los motivos que llevaron a la UNESCO a declarar este tipo de cocina Patrimonio Inmaterial de la Humanidad. También encontrarás fotos y vídeos relacionados con la gastronomía mexicana.

Notas